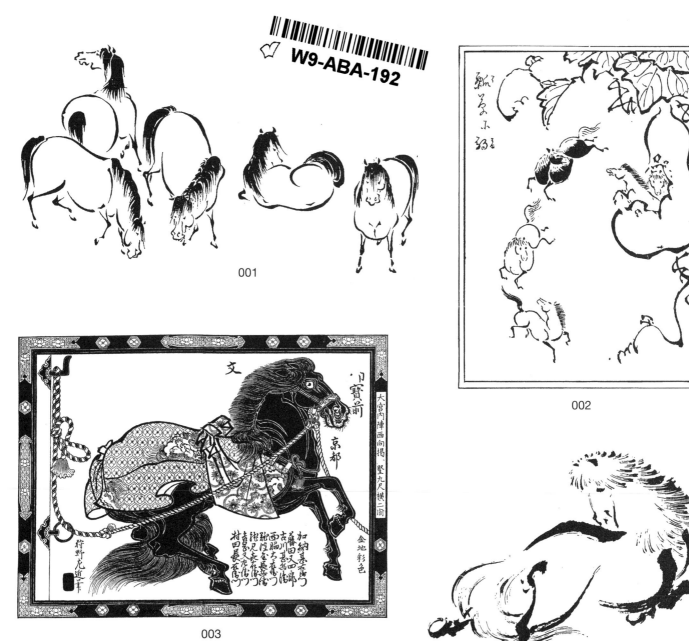

001

002

003

004

005

006

1

007

008

009

010

011

012

013

014

015

016

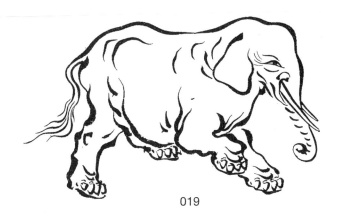

017

018

019

020

021

022

023

024

025

026

027

028

4

029

030

031

032

033

034

035

036

037

038

039

040

041

042

043

044

045

046

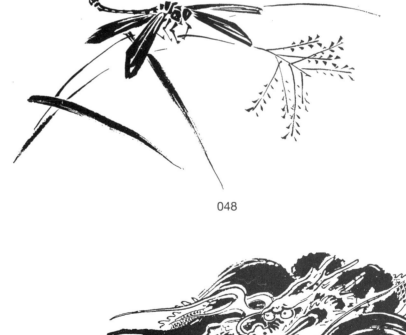

047

048

049

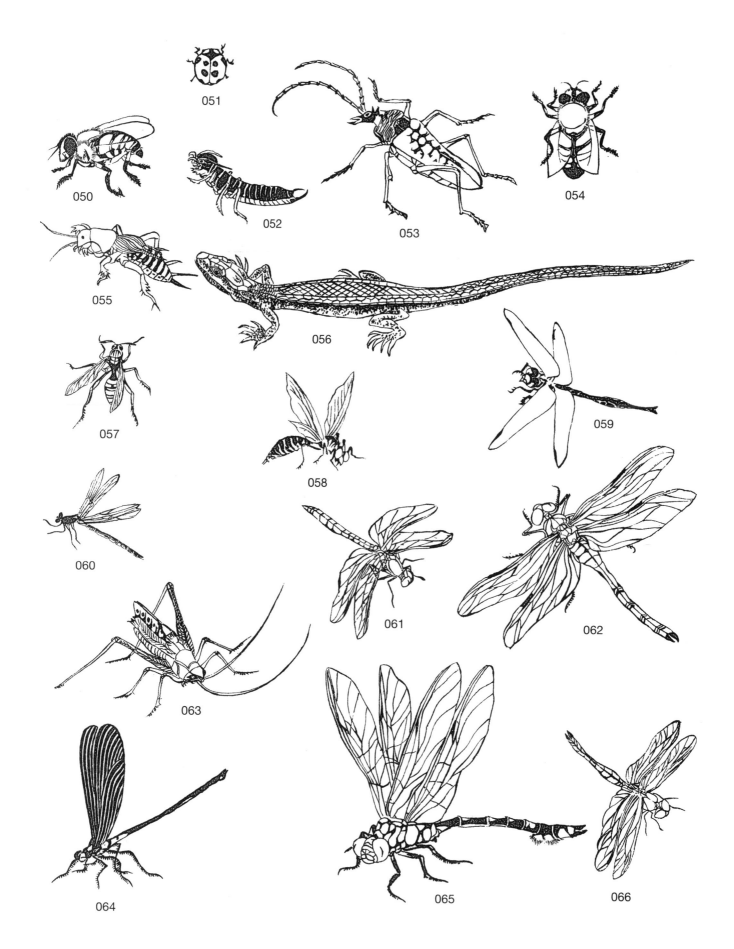

051

050

052

053

054

055

056

057

058

059

060

061

062

063

064

065

066

067

068

069

070

071

072

073

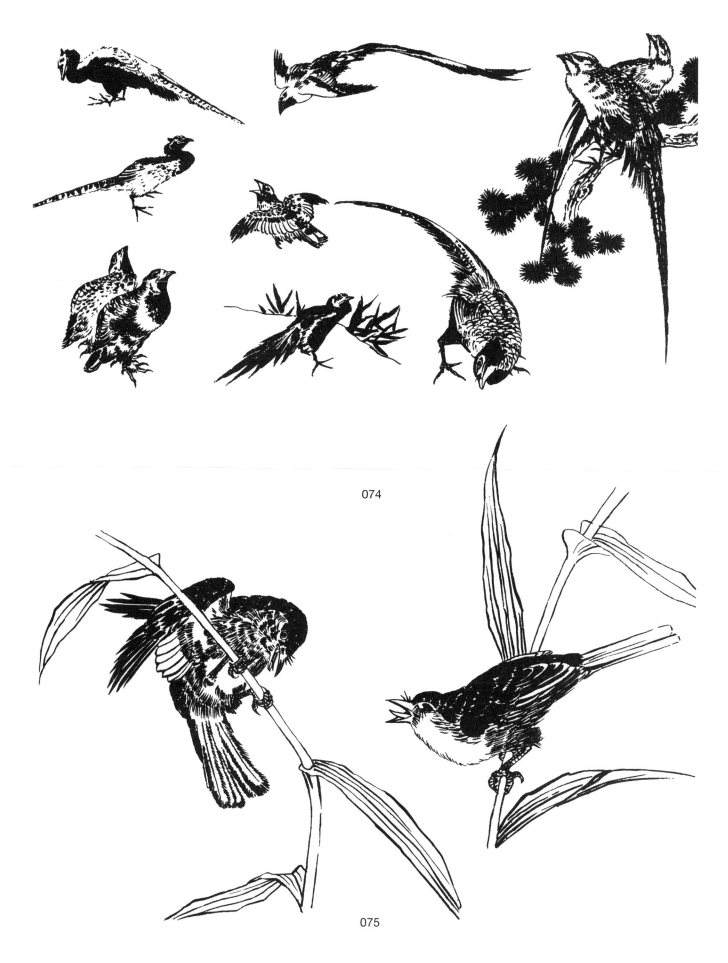

074

075

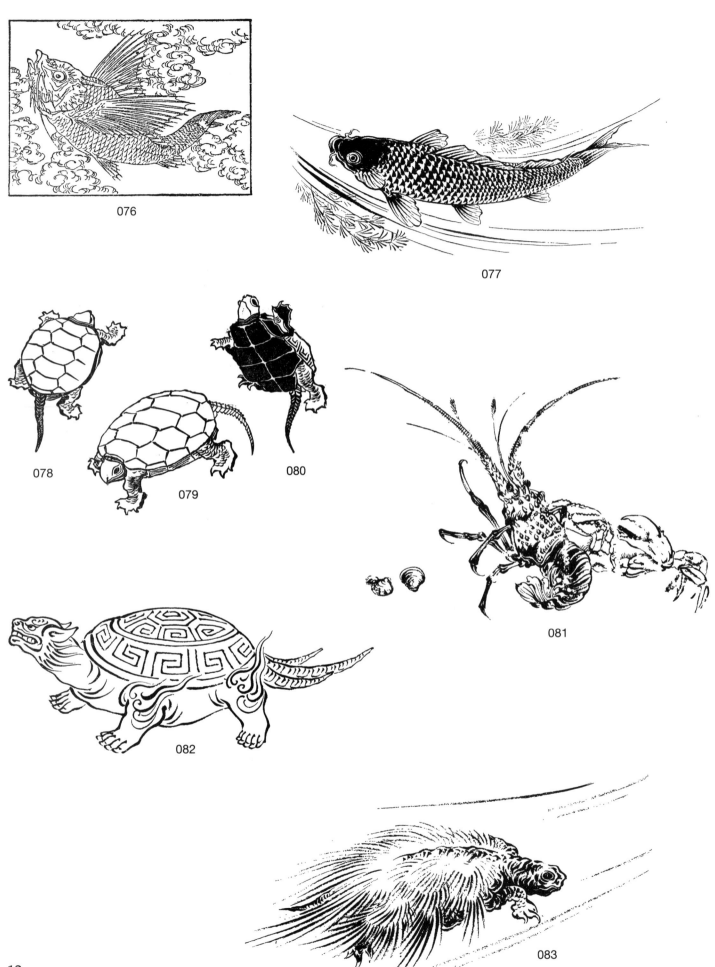

076

077

078

079

080

081

082

083

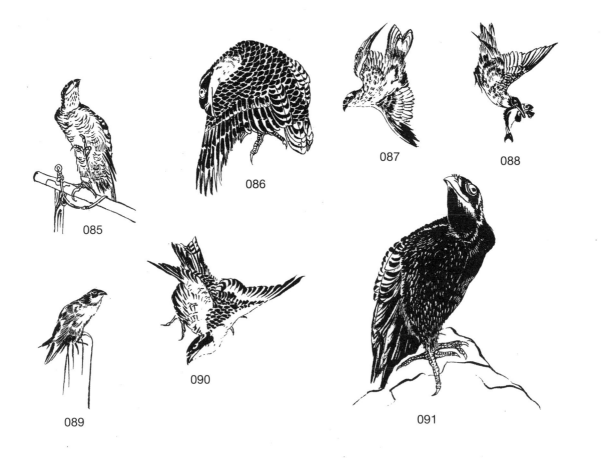

085

086

087

088

089

090

091

092

093

094

095

096

097

098

099

100

101

102

103

104

105

106

107

108

109

110

111

114

115

116

117

118

119

19

120

121

122

123

124

125

126

127

128

129

130

131

132

133

134

21

135

136

137

138

139

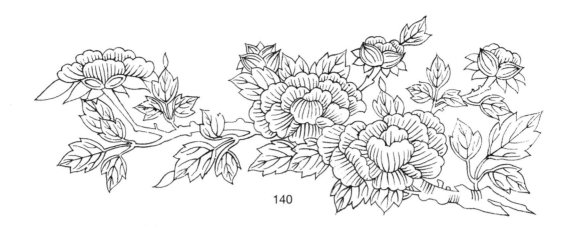

140

141

142

143

24

144

145

146

147

148

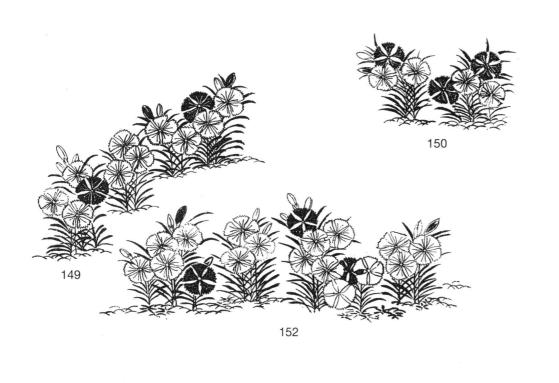

149

150

151

152

153

154

155

156

157

158

159

160

161

162

163

164

165

166

167

168

169

170

171

172

173

174

175

176

177

178

179

30

180

181

182

183

184

185

186

187

31

188

189

190

191

192

193

194

195

196

197

198

199

200

201

202

203

204

205

206

207

33

208

209

210

211

212

213

214

215

216

217

218

219

220

221

222

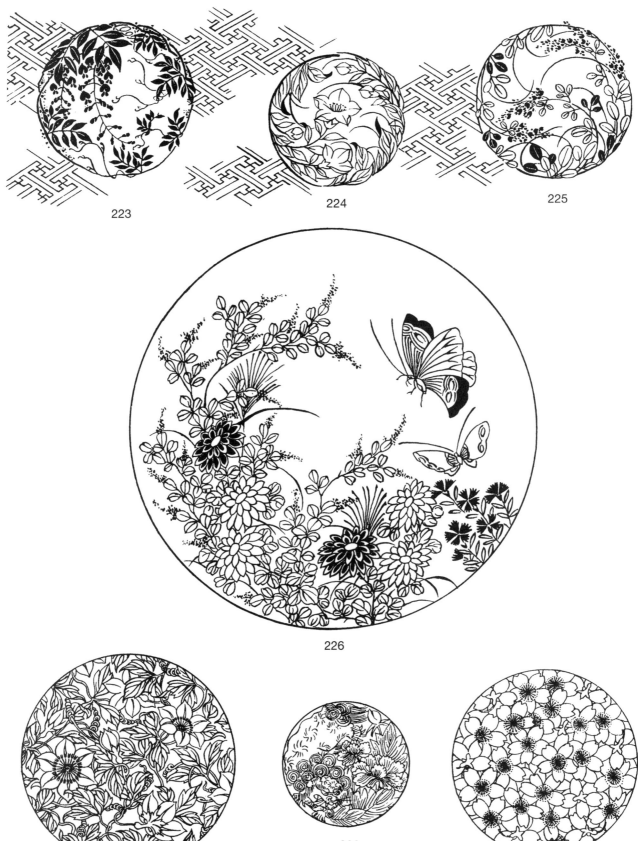

223

224

225

226

227

228

229

230

231

232

233

235

236

237

238

239

240

241

242

243

244

245

246

247

248

249

250

251

252

253

254

255

256 257 258 259 260 261 262 263 264 265

266 267 268 269 270 271 272 273 274 275

276 277 278 279 280

281

282

41

283

284

285

286

287

288

289

290

291

292

293

294

295

296

297

298

299

300

301

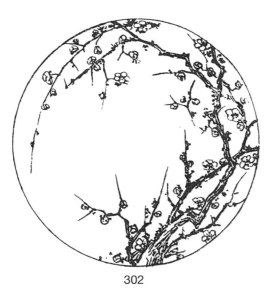

302

303

304

305

306

307

308

309

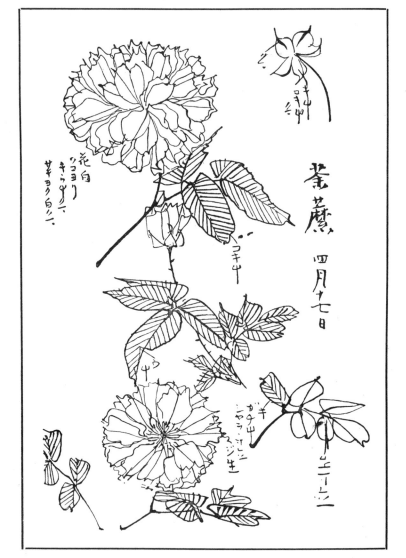

310